MANDRIN

ET

LES CONTREBANDIERS A AUTUN

EXTRAIT DU TOME PREMIER DES MÉMOIRES DE LA SOCIÉTÉ ÉDUENNE

1871

MANDRIN

ET

LES CONTREBANDIERS

A AUTUN

D'APRÈS DES DOCUMENTS INÉDITS

PAR

HAROLD DE FONTENAY

ARCHIVISTE-PALÉOGRAPHE, BIBLIOTHÉCAIRE DE LA SOCIÉTÉ ÉDUENNE, CORRESPONDANT
DE LA SOCIÉTÉ DES ANTIQUAIRES DE FRANCE

AUTUN

IMPRIMERIE DE MICHEL DEJUSSIEU.

1871.

MANDRIN

ET

LES CONTREBANDIERS A AUTUN

1754 — 1762

D'APRÈS DES DOCUMENTS INÉDITS

L'attaque d'Autun par Mandrin est, sans contredit, l'un des épisodes les plus intéressants de la vie de ce brigand fameux : aussi ses nombreux historiens l'ont-ils racontée avec les plus amples développements. Si j'ai entrepris de revenir sur ce fait, c'est qu'il m'a été donné de rencontrer des documents assez importants pour me permettre de réduire à néant les fantaisies romanesques auxquelles il avait servi de thème, et d'asseoir sur des bases solides un récit scrupuleusement exact jusqu'en ses moindres détails. Ces documents, conservés aux Archives de la mairie d'Autun, consistent en délibérations de la Chambre de l'hôtel de ville, procès-verbaux et correspondances, toutes pièces officielles, irrécusables, et, de plus, entièrement inédites.

Le 19 octobre 1754, la ville d'Autun fut pour la première fois avertie de prendre des mesures contre les incursions des contrebandiers qui désolaient alors le Velay, pillaient les caisses des receveurs et mettaient à mal quiconque osait leur résister. Jusque-là, et quoique Mandrin fût entré en campagne dès le mois de janvier, aucun péril n'avait été signalé, aucune inquiétude ne s'était manifestée à Autun, et la ville avait joui de la tranquillité la plus parfaite. On avait souvent convoqué la milice bourgeoise et tiré le canon de temps à autre, mais c'était pour de pieuses cérémonies ou de pacifiques réjouissances. La Fête-Dieu et la Saint-Ladre s'étaient passées comme à l'ordinaire, et nulle crainte, nulle appréhension n'avait troublé les fêtes célébrées en l'honneur de l'heureuse délivrance de Mme la Dauphine [1] arrivée le 23 août. Ce fut donc seulement, comme je l'ai dit, le 19 octobre, à l'assemblée de la Chambre de l'hôtel de ville, que la première alarme fut jetée. M. Valletat, procureur du roi, syndic, y remontra [2] que M. le marquis de Ganay, gouverneur d'Autun, avait envoyé des ordres pour la sûreté générale et la garde des portes. Ces ordres étaient ainsi conçus :

« De par le roy et par ordonnance de M. le marquis de Ganay, colonel d'infanteriee, gouverneur d'Autun, il est ordonné à tout bourgois ou cytoyen d'Autun de la ville et des fauxbourgs compris dans le role de la milice bourgoise, obligés de prendre les armes à ses ordres. Il est ordonné à chaque soldat de cette milice de nettoyer son fusil et ses armes et de se fournir au moins de six coups à tyrer, tant en poudre à tyrer qu'en balles de fusil. Mrs les officiers de la milice bourgoise sont priés par monsieur le gouverneur de faire la visitte des armes de leurs compagniees et il en ferat après luy mesme l'inspection généralle. Messieurs de ville auront la bonté de faire publier par toute la ville cette ordonnance et de la faire afficher si besoing est.

» Fait à Autun ce 18 octobre 1754.

» GANAY, gouverneur d'Autun. » [3]

1. Marie-Josèphe de Saxe, mère de Louis XVI.

2. Archives municipales. Registre des délibérations de l'hôtel de ville d'Autun, vol. 66, fol. 36 v°.

3. Original aux Archives municipales, liasse 69 : *Ferme générale. Contrebandiers.*

ORDRE POUR LA SURETÉ DE LA VILLE D'AUTUN ET POUR LA GARDE DES PORTES JUSQU'A NOUVEL ORDRE.

« Le dix-neuf on condamnerat à demeure la porte de St Pancrasse, celle auprès de Mr Pigenat [1] et celle dont Messieurs du Chapitre ont la clef [2], après les avoir prévenuts. Le mesme jour, 19 de ce mois, on commandera 16 hommes de garde dont on en metterat quatre de gardes jours et nuits aux quatre portes de la ville qui ne seront point condannées, qui sont la porte Matron, celle des Marbres, celle de Marcheaux et celle du Carouge.

» On commanderat aussy chaque jour un capitaine et un lieutenant de garde; le capitaine serat placé à la porte des Marbres et ferat sa ronde jusqu'à la porte Matron; le lieutenant occuperat celle du Casrouge et ferat sa ronde en Marchaux. On visiterat et on questionnerat exactement touts les étrangers aux portes de la ville. Et les cabartiers et obergistes auront ordre d'informer chaque jour M[r] le gouverneur ou M[r] le maire en son absence, du nom de leurs hostes. M[r] le maire envairat s'il luy plait dans touts les villages une lieuee à la ronde d'Autun ordonner aux habitants de venir sur le champ avertir quand ils vairont passer chés eux des trouppes de gents armés à cheval ou à pied. Les officiers ou soldats de garde aux portes de la ville auront ordre de les fermer sur le champ quand ils apperceveront une trouppe armée à pied et à cheval de plus de quatre hommes. Si M[r] le gouverneur a ommis quelques choses pour la sureté de la place, il s'en rapporte et a recours à la prudence de M[r] le maire et de messieurs les échevains.

» Fait à Autun ce 18 octobre 1754.

» GANAY, gouverneur d'Autun. » [3]

Communication faite de ces ordonnances à la Chambre, on manda immédiatement M. de Montagu, major de la milice bourgeoise, et, conformément aux ordres de M. le gouverneur qui furent publiés le jour même sur tous les carrefours, un

1. La porte Cocand.
2. La porte de Breuil.
3. Archives municipales d'Autun, liasse 69.

capitaine, un lieutenant et seize fusiliers furent commandés pour se rendre le lendemain 20 octobre au-devant de l'hôtel de ville afin d'y recevoir des ordres au sujet des postes qu'ils devaient occuper. [1]

Le 22, M. le marquis de Ganay publia une nouvelle ordonnance ainsi conçue :

« De par le roy et Mr le marquis de Ganay, colonel d'infanterie et gouverneur d'Autun.

» Il est ordonné à Mr l'officier de garde à chaque porte de la ville ou aux sergents commandants l'escouade de quatre hommes de gardes à chaque porte de la ditte ville de tenir la main que la faction soit faite exactement toute la journée, que les armes de chaque soldat de la garde soient en estat, bien netoyées, bien chargées, et que chaque soldat aye au moins six coups à tyrer en poudre et en balles.

» Les officiers ou sergents auront la plus grande attention que les soldats préposés à la garde de chaque porte ne boivent point à se gaster, et de les faire relever quand ils seront yvres et de les faire mettre en prison.

» Toutes les fois que le sentinelle verrat arriver quatre hommes ensanble, à cheval ou à pied, armés, ils fermeront sur le champ la porte et les feront parlemanter et en donneront avis à Mr le gouverneur et à Mr le maire pour qu'il permette ou refuse l'entrée de la ville.

» On ouvrirat touts les jours les portes au jour et on les fermerat à l'entrée de la nuit bien attendent que la garde y resterat jusqu'à dix heures du soir au moins ordinairement à toutes les portes et à celle de Matron toutes les fois qu'on leurs ordonnerat.

» Les clefs à cette heure, les portes estant bien fermées, seront reportées touts les soirs chés Mr le gouverneur ou chés Mr le maire et autres en son absence.

» L'officier de garde reviendrat les rechercher tous les landemain matin au point du jour ou chés Mr le gouverneur ou chés Mr le maire, et l'officier aurat attention de sortir touts les jours avec deux hommes pour faire la découverte à chaque porte au

1. Reg. des délibérat. de l'hôtel de ville, vol. 66, fol. 36 v°.

moins cent pas en avant de chaque costé avant que d'ouvrir la ditte porte à demeure. Fait, délibéré et ordonné à l'hôtel-de-ville d'Autun, en présence de touts les habitants convoqués *ad hoc*, le 22 octobre 1754.

» LE MARQUIS DE GANAY, gouverneur d'Autun. » [1]

Ces mesures peuvent paraître sévères, mais à coup sûr elles n'étaient point excessives. On savait que Mandrin continuait ses brigandages. Plusieurs villes et bourgs du Forez et du Vivarais, tels que Saint-Didier [2], Saint-Bonnet-le-Château [3], Pradelles [4], Langogne [5], etc., avaient été rançonnés [6]; aussi de toutes parts devait-on redoubler de prudence et de précautions. Les ordres du roi défendant sous des peines grièves à toutes les villes et communautés de donner asile aux contrebandiers et prescrivant au contraire de sonner le tocsin et de leur courre sus, furent transmis à la municipalité d'Autun par deux lettres de M. de Tavanes, lieutenant général pour le roi en Bourgogne, datées, l'une du 1er, l'autre du 5 novembre, et publiées immédiatement sur tous les carrefours. [7]

Le 16, nouvelle lettre du même ordonnant de veiller sur tous les gens qui se présenteraient pour entrer dans la ville, de les interroger afin de savoir qui ils sont, d'où ils viennent, où ils vont, arrêter ceux qui paraîtront suspects et lui en donner avis. Aussitôt après la lecture de cette lettre à la séance de la Chambre qui se tint le 18, on décida la publication

1. Archives municipales, liasse 69.
2. Arrondissement de Brioude (Haute-Loire).
3. Arrondissement de Montbrison (Loire).
4. Arrondissement du Puy (Haute-Loire).
5. Arrondissement de Mende (Lozère).
6. *Jugement souverain qui a condamné à la roüe Louis Mandrin, etc..... du 24 may* 1755, *exécuté le* 26 *dudit mois*. Placard in-plano tiré de ma bibliothèque. La bibliothèque de la Société Éduenne en possède un exemplaire in-4°, 4 p.
7. Cf. Archives municipales, liasse 69. Cf. aussi Reg. des délibér. de l'hôtel de ville, vol. 66, fol. 37 v°; séance du 14 novembre 1754.

d'une ordonnance portant injonction à tous cabaretiers, hôteliers et logeants de fournir chaque jour au maire, ou, en son absence, au premier échevin, un état exact des personnes qu'ils logeraient, avec toutes les indications nécessaires, sous peine d'amende et au besoin de châtiment plus sévère. [1]

La première ordonnance de M. de Ganay, nous l'avons vu, prescrivait déjà cette mesure, mais il est probable qu'elle n'avait pas été régulièrement observée puisqu'on crut devoir la rappeler. Du reste, les nouvelles devenaient de plus en plus alarmantes, le péril plus sérieux. Le 7, le coche d'eau faisant le service de Lyon à Chalon avait été attaqué. Les bureaux de Saint-Just-en-Chevalet [2], du Puy [3], de Cluny [4], Saint-Trivier [5], Saint-Laurent en Franche-Comté [6], Orgelet [7], avaient été pillés, les employés tués ou blessés, et presque partout les prisons ouvertes et les prisonniers enlevés. [8]

Le 21, Mgr le comte de Tavanes, par ordonnance datée de Dijon [9], enjoignit aux habitants d'Autun de se réunir, dès qu'on battrait la générale, sur la grande place avec des armes chargées et en état, afin d'y recevoir les ordres du maire et, de là, se rendre au poste qui leur serait assigné à chacun. Cette ordonnance n'arriva que le 30 à Autun. La publication en fut faite dans toute la ville immédiatement après la séance de la Chambre de l'hôtel de ville [10], aussitôt convoquée.

Il y eut encore le 5 décembre une assemblée de la Chambre, mais on n'y parla pas des contrebandiers, on ne fit que procéder à l'élection d'un capitaine de la compagnie des cheva-

1. Reg. des délibér. de l'hôtel de ville, vol. 66, fol. 38.
2. Arrondissement de Roanne (Loire).
3. Haute-Loire.
4. Arrondissement de Mâcon (Saône-et-Loire).
5. Arrondissement de Bourg (Ain).
6. Arrondissement de Saint-Claude (Jura).
7. Arrondissement de Lons-le-Saulnier (Jura).
8. *Jugement souverain*, etc., déjà cité.
9. Archives municipales, liasse 69.
10. Reg. des délibérat., vol. 66, fol. 38 v°.

liers de l'Arquebuse, et ce fut en cette qualité que Pierre-César du Crest, marquis de Saint-Aubin, lieutenant de nos seigneurs les maréchaux de France au département de Bourgogne, prêta serment sur les saints Évangiles, entre les mains du maire Toussaint Roux, assisté de Claude-Étienne Brossard, Michel-François Clergier, avocat et Jean-Pierre Brunet, marchand, échevins [1]. En toute régularité, ce serment n'aurait pas dû être prêté avant la ratification de l'élection par le prince de Condé, gouverneur de Bourgogne, mais l'état d'inquiétude dans lequel on était et la nécessité de donner au plus tôt un chef à une compagnie sur laquelle la ville devait beaucoup compter pour sa défense, firent oublier ou négliger les formalités habituelles.

Depuis ce jour jusqu'au 19 il n'y eut plus d'assemblée de la Chambre de ville, on s'attendait à chaque instant à voir arriver Mandrin. Ce dernier, avec sa bande, avait pénétré de Suisse en Franche-Comté dans la nuit du 14 au 15 et était arrivé aux portes de Besançon. C'est du moins ce que dit la lettre suivante adressée par le duc de Randan à M. de Tavanes, et dont copie fut immédiatement envoyée à la municipalité d'Autun :

« Dôle, le 17 décembre 1754.

» Les contrebandiers n'ont point passé, Monsieur, aux Rousses [2], mais leur entreprise n'en est pas moins surprenante. Ils ont fait un crochet pour éviter les postes, ont percé dans un endroit où, faute de troupes, il n'y a point de chaîne, et, ce qui est incroyable, ils sont arrivés jusqu'aux portes de Besançon sans que le directeur des fermes ait eu un seul avis. En un mot, ils ont couché hier à trois lieues de cette ville, et je l'ai sceu par hazard ; ils ont couché cette nuit à quatre lieues d'icy, en suivant le grand chemin qui y

1. Le quatrième échevin, l'avocat Louis Thomas, était absent.

2. Montagnes qui séparent la Suisse de la Franche-Comté. Il y a un village et un petit lac qui portent ce nom et font aujourd'hui partie du département du Jura.

vient d'Arbois. Je suis trop pressé pour vous instruire de ma disposition, et il doit être suffisant de vous dire que je vais faire envelopper ou poursuivre ces bandits avec 150 dragons de Baufremont, un détachement de 120 cavaliers d'Harcourt, un détachement de 50 cavaliers de Fumel, un détachement de 60 cavaliers de Moutin, 100 canoniers et deux compagnies de grenadiers de Courten. Ayés la bonté de faire avertir M. d'Espagnac et toutes vos troupes, afin qu'elles se préparent à couper les passages en même tems que celles-cy poursuivront. Si elles ne les coupent pas avant les votres, vous serés instruit exactement. »[1]

Chose étonnante, en écrivant cette lettre le 17, M. de Randan semble ignorer que la veille il y avait eu un engagement entre les contrebandiers et le régiment d'Harcourt, et qu'un des soldats avait été tué et volé.

Mandrin se rendit le 17 à Seurre[2], fit des perquisitions chez les employés, força la maison et les meubles du capitaine général, les mit au pillage, exigea une somme d'argent du receveur du grenier à sel et de l'entreposeur des tabacs, et contraignit ce dernier de recevoir des ballots de faux tabac pour lesquels il exigea une reconnaissance. De là il alla coucher à Corberon[3] avec sa troupe, et, le 18[4], sur les onze heures et demie du matin, il se présentait à la tête de soixante-dix hommes sous les murs de Beaune. Le très curieux récit de ce qui se passa alors en cette ville nous a été conservé dans un volume des Registres capitulaires de la collégiale Notre-Dame[5]. M. Rossignol[6] à qui nous en devons la publication l'a quelque

1. Archives municipales, liasse 69.

2. Arrondissement de Beaune (Côte-d'Or).

3. Canton de Seurre, arrondissement de Beaune (Côte-d'Or).

4. C'est bien le 18 et non le 16, comme l'a dit M. Rossignol dans son *Histoire de Beaune*. Beaune, Batault-Morot, 1854, p. 134. Du reste, l'auteur a, en quelque sorte, démenti cette date quatre pages plus loin, en citant le reçu donné le même jour par Mandrin aux receveurs des fermes et qui est bien daté du 18.

5. Archives départementales de la Côte-d'Or. Reg. capitul. de Notre-Dame de Beaune, 1753-1760, p. 49, 50 et 51 : *Histoire de Louis Mandrin*.

6. Loc. cit.

peu enjolivé. Loin d'y rien ajouter, nous nous bornerons à analyser brièvement le texte original, et nous prendrons avec Mandrin la route d'Autun.

Les contrebandiers arrivés le 18 à Beaune signalèrent leur entrée dans la ville par le meurtre de deux factionnaires et d'un soldat trop curieux qui les regardait du haut des remparts. Leurs sentinelles placées, ils donnèrent la liberté aux contrebandiers détenus dans la prison, et, se saisissant du maire Pierre Gillet comme otage, exigèrent de lui une rançon de 20,000 livres. Celui-ci, en attendant l'arrivée des receveurs qu'il avait fait prévenir, ne crut pouvoir se dispenser d'offrir à ses gardiens du meilleur vin de sa cave. Était-ce crainte ou ruse? je ne sais; mais Mandrin ne s'y laissa pas prendre, et il exigea que le maire y goûtât le premier. Il but à son tour, mais peu. « A défaut de poison, dit son historien [1], il pouvait » y avoir dans le vin de Beaune de quoi faire perdre la tête au » plus fort. » Un de ses hommes, plus confiant en lui-même, à ce qu'il paraît, se laissa surprendre et fut mené en prison après le départ de la troupe.

Après avoir donné reçu de la somme demandée, Mandrin, se sentant serré de près, quitta Beaune en grande hâte et prit la route d'Autun. Il était environ quatre heures du soir. A minuit, M. de Fischer, chef d'un corps franc de hussards et de grenadiers en garnison à Pont-de-Vaux [2], qui avait reçu des ordres pour poursuivre les contrebandiers, faisait son entrée à Beaune à la tête de sa compagnie. Le lendemain 19, à huit heures du matin, un courrier dépêché par le maire de Beaune se présentait à l'hôtel de ville d'Autun et prévenait la municipalité de se tenir en garde contre les bandits qui ne pouvaient tarder d'arriver. [3]

Il est curieux d'examiner quels étaient alors les moyens de défense dont disposait notre ville. Elle avait d'abord la

1. M. Rossignol, loc. cit.
2. Chef-lieu de canton de l'arrondissement de Bourg (Ain).
3. Archives municipales, liasse 69.

milice bourgeoise dont l'effectif était d'environ 600 hommes, puis la maréchaussée et la compagnie des chevaliers de l'Arquebuse commandée par M. de Saint-Aubin. L'artillerie municipale, si j'en crois un état dressé le 28 février 1722 [1] et une délibération de l'hôtel de ville du 11 février 1745 [2], consistait en huit canons de fer, dont six seulement montés, deux couleuvrines de fonte, une de bronze et sept boîtes ou pétards.

Les murs d'enceinte étaient encore assez élevés à cette époque, mais leur état laissait beaucoup à désirer, car ce ne fut qu'au mois de mai 1755 qu'on y fit des réparations, en les réduisant à vingt pieds de haut [3]. Sur sept portes, trois étaient murées; les quatre autres avaient des battants disjoints et vermoulus [4]. Dans de pareilles conditions, la résistance était, on le voit, fort difficile. A la nouvelle de l'approche de Mandrin, le maire invita le prévôt de la maréchaussée à envoyer ses cavaliers en éclaireurs à une lieue de la ville et dans toutes les directions. Ceux-ci revinrent sans avoir rien appris. Cependant Mandrin, talonné par M. de Fischer, était parti de grand matin de la Rochepot [5] où il avait couché et se dirigeait vers Autun.

D'après l'auteur des *Annales d'Arnay-le-Duc* [6], cette ville aurait vu Mandrin le 19. « Ce dernier ayant trouvé, dit » M. Lavirotte, les portes bien fermées et gardées par la bour- » geoisie, après avoir fait le tour des murailles avec sa troupe, » voyant qu'il ne pouvait pas entrer, prit le parti de faire » pratiquer une brèche au côté faible du rempart de Barive, » et pénétra sans difficulté dans la rue des Tournelles. Il ne » resta dans la ville que le temps de faire fournir des vivres à

1. Arch. municip., liasse 17.
2. Reg. des délib., vol. 63, fol. 94.
3. Reg. des délib., vol. 66, fol. 52 v°.
4. On en fit de neuves au mois de mai 1755. (Reg. des délibér., vol. 66, fol. 51 v°.)
5. Canton de Nolay, arrondissement de Beaune (Côte-d'Or).
6. *Annales de la ville d'Arnay-le-Duc*, par J.-C. Lavirotte. Autun, Dejussieu, 1837, in-8°, p. 279.

» ses gens, s'empara d'une faible somme qui était dans la » caisse du receveur du grenier à sel, et décampa en toute » hâte, tirant sur Autun parce que les dragons de Lanan le » suivaient de très près. Depuis ce temps, la brèche qu'il avait » faite au rempart ne fut pas réparée et même on y pratiqua » bientôt un guichet qu'on appela la porte Mandrin. » Malgré la précision des détails avec lesquels cette tradition est rapportée, nous nous permettrons d'en nier absolument l'exactitude, et les preuves ne nous manqueront pas pour affirmer que Mandrin n'a pu passer par Arnay et qu'il n'y est pas passé. En premier lieu, on ne saurait admettre que Mandrin, parti de Beaune, à quatre heures du soir, ait trouvé le temps, avant d'aller coucher à la Rochepot, de mettre le siége devant Arnay et de faire par conséquent un détour de dix lieues [1]; on ne peut supposer davantage, et pour le même motif, que cette expédition faite dans la matinée du lendemain ait permis aux contrebandiers d'être à Autun à une heure de l'après-midi [2]; d'ailleurs cette tactique eût été peu habile de la part de Mandrin, lorsqu'il ne se savait en avance que de quelques heures seulement sur M. de Fischer. En second lieu, il n'est fait mention de cette attaque ni dans les archives de la ville d'Arnay que j'ai compulsées, ni dans le récit du chanoine de Beaune, ni dans les nombreuses histoires de Mandrin ; Arnay ne figure pas parmi les villes citées dans le jugement imprimé [3], où l'on remarque cependant des bourgs et villages beaucoup moins considérables ; enfin, il n'en est nullement question dans la lettre suivante écrite d'Arnay au maire de la ville d'Autun, le 20 décembre, ce qui serait inexplicable si le fait rapporté par M. Lavirotte s'était véritablement passé la veille :

1 En effet, de Beaune à Larochepot par la voie la plus courte, il y a environ cinq lieues ; mais si l'on passe par Arnay, le trajet est au moins de quatorze lieues. Ces calculs ne peuvent être qu'approximatifs, car Mandrin ne suivait pas les grandes routes.

2. Le trajet de Larochepot à Arnay par Autun est d'environ treize lieues.

3. Nous l'avons déjà mentionné, p. 9, note 6.

« D'Arnay-le-Duc, ce jourd'huy vendredy 20 décembre 1754, à neuf heures du soir.

» Monsieur,

» Je suis chargé de la part de M. Reffort, maire, *qui arrive dans le moment de Beaune* avec un détachement du régiment royal artillerie et une compagnie de grenadiers du régiment de Courtenne suisse qui sont à la poursuitte de Mandrin et de sa troupe qui passa hier chez vous, *suivant qu'il nous l'a été rapporté, de luy faire scavoir si effectivement il est passé*, ce qu'il est devenu, sa position actuelle, si le général Fichère n'est pas à sa suitte pour l'arrester et de vouloir bien luy faire un détail exact de tout ce qui s'est passé tant pour le mettre à même de faire une réponse précise sur les ordres qu'il a reçu, que pour que les troupes actuellement chez nous puissent exécutter ponctuellement ceux qu'ils ont reçus; il vous fait ses très humbles excuses s'il n'a pas l'honneur de vous écrire luy même. J'ai celuy d'être avec le respect le plus profond, monsieur,

» Votre très humble et très obéissant serviteur.

» Moret. »[1]

Comme on le voit, tout se réunit pour infirmer le récit de M. Lavirotte, uniquement basé sur le nom donné à une petite porte pratiquée dans les remparts d'Arnay. Or, il faut savoir que dès cette époque, nous le montrerons du reste plus loin[2], le nom de Mandrin était devenu un terme générique et servait à caractériser tous les gens sans aveu, contrebandiers ou autres, qui mettaient à contribution les gens des villes et des campagnes et troublaient à tout instant la tranquillité publique. Mais, reprenons le fil de notre narration; nous avons laissé Mandrin se dirigeant sur Autun. A quelque distance de la ville il aperçut une troupe de cavalerie; croyant avoir affaire à un

1. Archives municipales d'Autun; original : liasse 69.
2. P. 27.

détachement du roi, il fit ranger ses hommes en bataille. Mais, quel ne fut pas son étonnement lorsqu'il se trouva tout à coup en face d'une quarantaine d'ecclésiastiques. C'étaient des élèves du grand Séminaire qui, sous la conduite de leur directeur, se rendaient à Chalon pour y prendre les ordres, en l'absence de M. de Montazet, évêque d'Autun, lequel faisait alors de fréquents séjours à Paris [1]. Mandrin, après les avoir questionnés, leur fit tourner bride en leur disant de l'accompagner à Autun « et que cela était plus pressé que d'aller à Chalon [2].» En même temps, il les fit placer à la tête de ses gens et arriva ainsi aux portes d'Autun. Il descendit près de l'abbaye de Saint-Jean-le-Grand, dans une maison qu'on montrait encore il y a quinze ans, et qui a été remplacée par celle portant le n° 6 de la petite place située au devant de l'entrée du parc et de l'église. Il pouvait être une heure de l'après-midi. Sa troupe qui, à Beaune, ne se composait guère, comme nous l'avons dit, que de soixante-dix hommes, avait atteint le chiffre de deux cents.

M. Roux, maire d'Autun, ayant été averti que l'abbé Hamard, supérieur du Séminaire et vicaire général, était à l'une des portes

1. Cf. à la bibliothèque de la Société Éduenne le Registre capitulaire de 1752 à 1755, p. 386 et 462. Cf. aussi aux Archives de l'Évêché d'Autun le Registre des ordinations du 16 juin 1753 au 14 avril 1769. M. de Montazet ayant quitté Autun vers la fin de novembre 1754 pour n'y revenir que vers le mois de mars suivant, avait chargé l'évêque de Chalon-sur-Saône de conférer les ordres aux séminaristes de son diocèse. Voici les noms de ceux qui furent arrêtés en chemin par Mandrin : Antoine Loquin; Pierre Baudrion; Pierre Cabriet; Jean Dubuisson; Pierre Vorle; Nicolas Coupery; Charles Lebeau; Louis Cortey; Marie-Anne Billebot; Charles Rey; Claude Vaucoret; Jean Chevalier; Jean-Marie Decertaine; Aimé Guillaud; Philippe-Marie Raffatin; Bénigne Darcy; Jean-Baptiste Cosseret; Joseph Maillard; Prix Bernard; Jean Testot; Jean Desgranges; Nicolas Demangeot; Louis Cailleret; Claude Ménestrier; Jean-Baptiste Chatin; Pierre Legros; Jean Marion; Antoine Alexandre; Étienne Demangeot; Philibert Boucheron; René Roulier; Joseph-Lazare Millet; Charles Rué; Louis Philipot; Antoine Baudouin; François Ravier et Jean Gaudin.

2. Archives de la Côte-d'Or. Registre capitulaire de Notre-Dame de Beaune, 1753-1760, p. 49, 50 et 51 : *Histoire de Louis Mandrin.*

de la ville accompagné d'un détachement, et qu'il avait des choses de la dernière importance à lui communiquer, s'y rendit accompagné du procureur-syndic et du secrétaire de la mairie. M. Hamard, après lui avoir raconté son arrestation et la violence dont ses élèves et lui avaient été l'objet, ajouta que si on faisait la moindre résistance, Mandrin et ses gens brûleraient le Séminaire et les abbayes situées en dehors de la ville, qu'ils s'étaient mis en bataille dans la cour de l'abbaye de Saint-Jean-le-Grand et menaçaient d'y mettre le feu, ce qui avait fort alarmé les habitants du faubourg. M. de Montagu, major de la milice bourgeoise, fut chargé de parlementer avec Mandrin. Il le trouva faisant faire des préparatifs de cordes, d'échelles et de claies pour escalader les murs si on ne lui faisait payer sur-le-champ par le receveur au grenier à sel et l'entreposeur des tabacs une somme de 25,000 livres. A cette nouvelle, les magistrats craignant de voir se réaliser ces menaces et mettre la ville à feu et à sang, firent ouvrir la porte de Marchaux; Mandrin entra avec la plus grande partie de sa bande. Il était habillé de drap gris avec une veste de panne rouge à petits carreaux, une cravate de soie, un chapeau retroussé et bordé d'or, et une large ceinture où pendait un couteau de chasse. Il portait un fusil à deux coups et à baïonnette, et une paire de pistolets. Ses gens étaient armés de même, mais presque tous couverts de haillons [1]. Au milieu d'eux marchait l'abbé Hamard qu'ils avaient gardé comme otage. Ils arrivèrent ainsi à l'hôtel de ville [2]. Mandrin fit venir les sieurs Pasquier et Duchemain, l'un receveur au grenier à sel et l'autre entreposeur des tabacs, et comme les moments étaient précieux, il composa avec eux pour une somme de 9,100 livres dont 4,600 furent fournies par M. Pasquier et le reste par M. Duchemain. Cet argent ne s'étant pas pour lors

1. Cf. Rossignol, *Hist. de Beaune*, loc. cit.

2. L'hôtel de ville occupait alors les bâtiments situés sur la Terrasse, entre le Passage actuel et la rue Saint-Saulge.

trouvé dans les caisses, fut emprunté au docteur Philippe-François Lhomme, médecin d'Autun [1]. Tout se passa comme à Beaune, le plus galamment du monde, et Mandrin, au rapport de la tradition, ne sortit pas de l'hôtel de ville sans avoir accepté une prise dans la tabatière de M. Duchemain. Une partie de sa bande se rendit à la prison et donna la liberté à tous les prisonniers hors les criminels [2]. Cela fait, ils retournèrent à Saint-Jean-le-Grand, emmenèrent les chevaux qu'ils y avaient laissés avec le reste de la troupe, et s'éloignèrent de la ville en prenant la route de Montcenis qui contourne Montjeu. Il était environ six heures du soir. [3]

1. Ce fait m'a été rapporté par son petit-fils, M. Bernard Lhomme de Mercey.

2. Les Archives du greffe du tribunal civil d'Autun possédant les registres d'écrou de la prison de cette ville de 1711 à 1778, il nous est facile de donner les noms des prisonniers relâchés par la troupe de Mandrin. Ce sont : Jean Godillot, laboureur à Auxy, écroué le 12 novembre 1753 ; — Jean Chagniot, marchand du village de Guise, paroisse de Moux (Nièvre), écroué le 21 août 1754 ; — Jean Goujon, marchand de Dracy, paroisse de Saint-Maurice-lès-Couches, écroué le 27 septembre 1754 ; — Jean Lequin, marchand de Santenay (Côte-d'Or), écroué le 4 décembre 1754 ;—Jean Dechaume l'aîné, laboureur à la Croix-Blanche, paroisse de Laizy, écroué le 13 décembre 1754 ; — François Petitjean, meunier du Vivier, écroué le 17 décembre 1754. — Tous étaient prisonniers pour dettes, et en marge de leur inscription au registre de la geôle, on lit : « *N*..... a été élargy par force de la troupe de Mandrin, le 19 décembre 1754. » Un seul prisonnier, le sieur Carion, de la Barre, ne fut pas relâché avec les autres. Le registre d'écrou ne mentionne pas le motif de son arrestation ; on y lit seulement qu'emprisonné le 18 août 1754, il ne fut élargi que le 8 février 1755, en vertu d'un arrêt du Parlement de Dijon du 27 janvier précédent.

3. Le récit de ce qui s'est passé à Autun est puisé dans le « *Procez verbal contenant le détail de l'incursion faitte en la ville et fauxbourgs d'Autun par Mandrin et sa troupe de contrebandiers, 19 décembre* 1754 » (Arch. municip., liasse 69), et dans l'*Histoire de Louis Mandrin* contenue dans le Reg. capitul. de Beaune déjà cité.

L'attaque de la ville d'Autun par Mandrin est devenue célèbre. Il n'est pas une histoire de ce coquin fameux où cette circonstance ne soit rapportée avec les développements les plus fantaisistes et les plus erronés. La gravure même s'en est emparée. Nous donnons ci-après, d'après notre ancien collègue, M. Rochas, employé du bureau des Archives départementales au

Ne connaissant pas le pays, Mandrin contraignit, sous peine de mort, le premier homme qu'il rencontra à lui servir de guide. A peine était-il parti (c'est encore une tradition) qu'il fut rejoint par le sieur Carion, propriétaire de la maison qu'il avait occupée

ministère de l'intérieur, la liste des gravures qui ont particulièrement trait à cet épisode.

I.

« Voicy Mandrin le chef d'une troupe de brigands,
Dans Bourg, Autun et Baune il porte la terreur ;
Ce téméraire fait valoir sa contrebande
Aux yeux du partisan, commis et controlleur. »

A Paris, chez Basset..... Mandrin est en pied, tenant un pistolet de la main gauche et une épée de la droite. Dans le fond, *l'Action d'Autun* et *le Combat de Beaune*.

Petit in-fol. L'encadrement est formé par des ornements.

II.

« Voici Mandrin, le chef d'une troupe de brigands
Etc..... (comme ci-dessus), »

Mandrin est à cheval, dirigé vers la droite. Le fond est occupé par la ville d'Autun devant laquelle on voit une mêlée de combattants. *A Paris, chez Basset*. Haut. de la gravure, 0m238 ; largeur, 0m174.

III.

LOUIS MANDRIN.

Ce téméraire, chef d'une troupe brigande
De meurtriers et d'assassins,
Fut l'effroy des traitans, et de sa contrebande
Remplit leurs magazins.
Réfractaire à l'État, toujours fier et tranquille
Suivi partout de ses brigands,
A Beaune il sut forcer le maire de la ville
De lui porter vingt mille francs.

Gravure faite d'après un portrait exécuté dans la prison de Mandrin par M. Treillard. Mandrin est avec le maire d'Autun, en costume presque militaire, un fusil à la main. In-f°.

IV.

Tu frapas le faux or à l'empreinte des rois,
Tu portas dans Grenan (*sic* pour Gueunand) les horreurs du carnage,
A la ferme, aux commis tu prescrivis des loix ;
Qui sçut mieux d'Ixion disputer l'héritage ?

Mandrin est en pied, tenant une épée de la main droite et tirant un coup de pistolet de la gauche. Au fond, à droite, une ville.

Hauteur de la gravure 0m150; largeur 0m81. Cette gravure se trouve en tête de l'*Histoire de Louis Mandrin*, etc..... Chambéry, chez Gorrin; Paris, Delormel, 1755, in 12.

au faubourg Saint-Jean, et où il avait mangé. Cet homme, pressé par un scrupule d'honnêteté peut-être un peu exagéré, lui rapportait une épée que, dans la précipitation du départ, un de ses gens avait oubliée dans une mangeoire. Cet acte de probité trouva-t-il sa récompense? je l'ignore; au surplus, cela n'aurait eu rien d'étonnant, Mandrin savait être généreux dans l'occasion; il le prouva à Beaune en donnant 120 livres à une pauvre femme qui était venue se plaindre de l'avidité de ses soldats. [1]

L'auteur d'un article fort succinct inséré dans l'*Éduen* des 1er et 15 octobre 1843 et intitulé : *Mandrin à Autun*, blâme notre ville de ne s'être pas défendue en cette occasion et s'exprime ainsi : « Cette vénérable cité qui avait résisté aux armées » de César (???), prise à l'improviste par quatre cents voleurs de » grand chemin, ne sut que leur fermer ses portes. » Tout en faisant observer qu'Autun n'était pas pris à l'improviste, je l'ai montré surabondamment, et qu'au lieu de quatre cents contrebandiers il n'y en avait que deux cents, au rapport des contemporains consigné dans le procès-verbal de M. Roux, je m'attacherai principalement au reproche de l'auteur, reproche qui me semble des plus injustes. Sous les apparences d'une prétendue bravoure et pour retarder peut-être de quelques instants le moment d'une inévitable capitulation, car, dans l'état où se trouvaient les murs et les portes, une longue résistance eût été impossible, les habitants pouvaient-ils exposer à une mort certaine leurs fils ou leurs frères gardés en otages, et au feu les monuments qui faisaient le plus bel ornement de leur cité...? Si la défense n'eût pas été plus préjudiciable qu'utile, nul doute que la milice bourgeoise se fût vaillamment conduite. Elle n'en était pas à faire ses preuves, et à cette époque le souvenir du combat de Lucenay où elle avait, en 1524, exterminé les bandes de pillards et de gens sans aveu qui s'y étaient cantonnées, n'était pas encore effacé. [2]

1. Rossignol, ouv. cité, p. 437.

2. Cf. Arch. municip., liasse 188 : *Milice bourgeoise;* acte du 1er juin 1524.

Nous avons laissé M. de Fischer arrivant à Beaune le 18, vers minuit, c'est-à-dire environ huit heures après le départ des contrebandiers. Il n'y resta pas longtemps ; informé que l'ennemi avait pris la route de Nolay, il s'y rendit en toute hâte, y passa deux heures et gagna Autun ; mais laissons-le parler lui-même. En butte aux injustes attaques de ses envieux, il dut rédiger, à la demande du ministre, un compte rendu détaillé de son expédition et du combat qu'il eut à soutenir contre la troupe de Mandrin. « On sera frappé, dit son éditeur, » M. Sirand [1], de la simplicité toute militaire de ce petit récit ; » l'auteur y est sobre de détails et parle peu de lui ; cependant » il se *justifiait*. Ce mérite-là est bien rare. On remarquera » son langage un peu germanique, car il était Allemand et com» mandait à des troupes étrangères au service de la France : »

« Je me rendis de Nolay à Autun, où je croyais que les contrebandiers devaient coucher et où je me proposai de les surprendre pendant la nuit, au moyen des intelligences que je m'étais ménagées avec un marchand d'Autun que j'avais rencontré à Nolay. J'entrai dans Autun vers onze heures du soir du 19 ; j'y fis reposer mes troupes jusqu'à quatre heures du matin. J'étais alors renforcé de 40 dragons du régiment de Baufremont que m'avait donné le marquis d'Espinchal, lieutenant-colonel du régiment de Fumel et commandant des troupes que M. le duc de Randan avait détachées à la poursuite des contrebandiers. Je partis d'Autun à quatre heures du matin. Je fus obligé, faute de rencontrer personne qui pût m'indiquer leur route, de suivre la trace de leurs chevaux avec des brandons. Cette trace me mena d'abord sur le chemin de Montcenis et ensuite me jeta dans la traverse, dans des bois presque inaccessibles d'où j'arrivai à une montagne sur la croupe de laquelle est situé le village de Gueunand [2]. En arrivant auprès de ce village, j'aperçus une trentaine de contrebandiers déjà à cheval.

1. *Motifs et conduite de M. de Fischer dans l'attaque des contrebandiers à Gueunand*. Bourg-en-Bresse, Milliet-Bottier, 1856, in-8°, 7 pages, tiré à vingt-cinq exemplaires, publié par M. Alexandre Sirand, d'après l'exemplaire unique imprimé par Borjon de Scellery, à Pont-de-Vaux, 1786 ; broch. in-18.

2. Hameau de la commune de Brion, à six kil. d'Autun.

Comme je vis bien que ces gens-là ne cherchaient qu'à m'échapper, je me déterminai à les attaquer par plusieurs raisons qui me parurent décisives et que voici :

» Je ne pouvais pas empêcher leur retraite, tout le pays étant coupé par des ravins et des chemins creux, en deçà des quels étaient plusieurs maisons qu'ils occupaient.

» J'avais appris qu'ils se vantaient que les troupes du roi avaient défenses de les attaquer : il convenait donc de détromper le public d'une idée aussi extraordinaire qui leur faisait faire des recrues partout, au point qu'il est connu de tout le monde qu'ils ont engagé sept colporteurs à Autun, et même des bourgeois de cette ville, et que s'ils n'eussent pas été attaqués avant que d'arriver sur la Loire, ils auraient trouvé du côté du Forez au moins 2 ou 300 vauriens qui n'attendaient que le moment de se joindre à eux.

» J'avais déjà fait 50 lieues, les renforts qui venaient après moi étaient encore éloignés ; le plus près ne consistait qu'en 40 dragons laissés à Autun. Il aurait fallu quatre heures pour les faire venir. M. d'Espinchal ne pouvait être qu'à Nolay, et M. de Clamoux entre Nolay et Autun. Le seul moment pour les traquer était donc celui que j'ai saisi. Si je ne l'eusse pas fait, je n'aurais pu les rejoindre de longtemps, puisque j'avais déjà fait 50 lieues, que ma troupe était extrêmement fatiguée et que les contrebandiers vont si vite qu'ils ont fait, le jour de l'attaque, 17 lieues. D'ailleurs, si je ne les avais pas attaqués, j'aurais exposé ma réputation vis à vis de la Cour et du public.

» Je conviens que j'eus d'abord de la peine à me décider, car il n'y a point d'officier qui à la vue du local eût voulu attaquer ces gens-là, surtout avec le peu de monde que j'avais. La droite du village de Gueunand était absolument inaccessible, étant couverte d'un rocher coupé à pic. La gauche était d'autant plus difficile à tourner que toutes les maisons de ce côté-là sont défendues par des vergers entourés de palissades, au travers desquels il fallait s'ouvrir des passages. La considération de toutes ces difficultés m'engagea seulement à mettre mes propres troupes à la tête de l'attaque, pour qu'il ne fût pas dit que pour acquérir de la gloire j'avais sacrifié les sujets nationaux, dont il n'y a eu qu'un seul dragon blessé légèrement. Avant que de commencer l'action, j'envoyai mes hussards, soutenus par les dragons de Baufremont, pour tourner le village et couper la retraite des contrebandiers, pendant que j'attaquerais de front la tête du village où il faut entrer par un ravin presque impraticable, défendu de droite et de gauche par des maisons dont il fallait tâcher de me rendre maître. Le feu qui en sortait était si vif et si suivi que je ne pus m'emparer que de trois, et je ne serai jamais venu à bout d'en déloger ces gens-là si je n'eusse été mettre le feu à la maison qui m'incommodait le plus.

» Les contrebandiers, craignant d'être tous brûlés, ouvrirent pour lors les haies qui étaient derrière eux et se retirèrent, non par l'extrémité du village occupé par mes hussards, par où ils devaient naturellement passer, mais par des ravins qui aboutissaient aux vergers des maisons qu'ils occupaient, et où quatre hommes pouvaient en arrêter cent. Il ne me restait plus alors que la moitié de ma troupe de hussards, une partie de ma compagnie de grenadiers et trois coups à tirer par homme ; cependant, dès que M. de Clamoux fut arrivé, une heure et demie après l'attaque, je continuai à poursuivre les contrebandiers. J'ai eu sept grenadiers, cinq hussards, deux officiers et un maréchal-des-logis de tués, et presqu'autant de blessés. J'ai pris quarante-deux chevaux, quarante fusils et pistolets à deux coups, deux des chefs qui sont dans les prisons d'Autun ; dix contrebandiers ont été brûlés dans les granges. Un plus grand nombre a été sabré dans le village même par mes hussards ; et je me flatte qu'il n'en fût pas réchappé un seul si le terrain n'eût pas été aussi favorable pour leur retraite qu'on ne pouvait empêcher, et si par une marche forcée je n'eusse pas fait 17 lieues ce même jour et mis trois rivières derrière eux, savoir : l'Arroux, la Loire et la Bèbre.

» Quand j'ai marché à leur poursuite après l'action, peut-être les aurai-je joints si l'on ne s'était pas tant pressé de me prévenir.

» Mon attaque a produit l'avantage de sauver au moins soixante bureaux que ces gens-là devaient rançonner, suivant une liste trouvée sur un de leur chef fait prisonnier, et de disperser leur troupe, de façon qu'elle n'est plus occupée que du soin de s'échapper en détail. »

Nous verrons plus loin que M. de Fischer s'illusionnait un peu sur les bons effets qui devaient, selon lui, résulter de sa victoire. Mais laissons Mandrin rallier sa troupe en déroute, revenons à Autun et voyons ce qui s'y était passé. La rencontre de M. de Fischer avec les contrebandiers était prévue et personne ne doutait de son succès. On voyait déjà les brigands ramenés pieds et poings liés prendre dans les prisons d'Autun la place des détenus qu'ils avaient élargis. Aussi la municipalité, en administration prévoyante, avait-elle fait mander à Chalon l'exécuteur des hautes œuvres, afin qu'aussitôt pris, on pût les pendre haut et court, et voici la réponse, toute gracieuse du reste, que faisait, le 21, M. le syndic Moutton à Messieurs de la Chambre de l'hôtel de ville :

« MESSIEURS,

» A la réception de la lettre que vous m'avez fait l'honneur de m'écrire, j'ay envoyé chercher l'exécuteur de la haute justice de notre ville et l'ay chargé de partir sans retard pour Autun. Il m'a promis de le faire dès demain matin. Je charge un sergent de tenir la main à ce qu'il ne me manque pas de parolle, *parce qu'en cette occasion comme en toutes autres je serois charmé de vous prouver mon exactitude à vous servir* et le profond respect avec lequel j'ay l'honneur d'estre,

» Messieurs,

» Votre très humble et très obéissant serviteur,

» MOUTTON, sindic.

» Chalon, le 21 décembre 1754. » [1]

Franchement, on n'est pas plus aimable, mais, par malheur, les choses ne se passèrent point comme on l'avait présumé; cinq contrebandiers seulement, dont deux chefs, furent ramenés à Autun [2]; on différa leur jugement, et l'exécuteur des hautes

1. Archives municipales, *Viérie*, année 1754 ; deux pièces.

2. « Ce jourd'huy vingt décembre mil sept cent cinquante quatre, M. Remond de Grais *(sic)*, maréchal des logis au régiment de Fumel-cavalerie, a fait entrer dans les prisons royalles d'Autun deux particuliers reconnus de la troupe de Mandrin, contrebandiers, et arrêtés ledit jour, après l'affaire de Guēunand, desquels deux contrebandiers il a chargé le concierge desdites prisons royalles et a signé.

» DUGREY. »

« Cejourd'huy ving desembre mil sept cent sinquente quatre, jay soussi-

œuvres s'en retourna comme il était venu, après avoir touché quarante livres que lui alloua la ville pour ses frais de déplacement et de séjour, plus heureux en cela qu'un de ses prédécesseurs dont Tallemant nous a rapporté la plaisante aventure [1]. « On avait, dit-il, à faire pendre un pauvre diable à Autun, le bourreau était malade ; on en fit venir un du lieu le plus proche. Quand il fut arrivé, on le fit venir à l'hôtel de ville, car le crime regardait la communauté ; il demanda combien il y avait à gagner. Dix livres, lui dit-on. — Messieurs, répondit-il, il n'y a pas moyen de s'y sauver. Si c'était quelqu'un de vous autres, messieurs, qui avez de bons habits, très volontiers ; mais ce misérable en a un qui ne vaut pas trois sols. »

gnié, brigadier de la mareschaussée d'Autun, et ey conduit és prison royalle de cet vil deux contrebandier reconut de la troupe de Mandrin et aresté à la faires de Geunean, lesquels jey laisécé à la garde du concierges desdit prison, et me suis soussignié.

» CHARDANNE. »

» Ce jourd'huy ving et un décembre mil sept cent sinquante quatre, je soussignié Estienne Chardanne, brigadier de la maréchaussé d'Autun, déclare avoire constitué dans les prisons royalles d'Autun un particulier nomé Joseph Bochot, arresté par moy au vilage de Maisvre, de la bande de Mandrain et ay fait défauce au consierge de sen desaisire, et me suis soussignié.

» CHARDANE. »

» Par ordonnance de M. le lieutenant *général criminel de cejourd'huy* vingt trois décembre mil sept cent cinquante quatre, il a été fait deffense au geolier d'élargir Joseph Martin, natif de Crais, proche Valence en Dauphiné ; Pierre-Claude Cribier, demeurant à Saint-Jean-de-Maurienne, distant de huit lieues de Chambéry ; Jean Lacombe, demeurant à Saint Christophe, proche *la grande Chartreuse en Dauphiné* ; Antoine Moulier, demeurant à Mirbel, proche le pont de Beauvoisin en Dauphiné, et Joseph Bauchot, de St Bonnet le Château, proche Saint Étienne en Forests, tous accusés d'être contrebandiers et laissés à la garde de Pierre Bigeois, concierge. Signé :

» BIGEOIS. » DELAUNEUX,

» Greffier comis. »

(Archives du greffe du tribunal civil d'Autun. Registre de la geôle de 1752 à 1757). Joseph Martin mourut le 5 janvier 1755 ; quant aux quatre autres, ils quittèrent la prison d'Autun le 26 janvier.

1. Tallemant des Réaux, *Historiettes*, édition Monmerqué. Paris, Garnier, 1861, t. X, chap. CCCLXV, p. 163.

Aussitôt après le retour de M. de Fischer et de sa troupe, on établit une garde pour la sûreté des prisons où étaient renfermés les cinq contrebandiers. C'était du reste chose facile, car, outre sa milice bourgeoise, la ville avait encore en garnison quarante dragons de Bauffremont et une compagnie du régiment de Bourbonnais, infanterie. La crainte où l'on était qu'à chaque instant les fuyards échappés au combat de Gueunand ne se réunissent et, profitant du trouble qui régnait partout, ne cherchassent à s'introduire dans la ville, expliquait ce luxe de précautions. 1

Le 23 décembre, il se passa à Autun un fait que nous rapporterons d'après les dépositions mêmes des témoins : Claude Belay, marchand mercier ; Dominique Duchemin ; Blaize Maire, fils de l'épicier Jean Maire, et François Bernard, dragon du régiment de Bauffremont 2. Le 23 donc, vers neuf heures du soir, le sieur Claude Belay, sortant de chez lui, rencontra deux hommes vêtus de gris et armés de pistolets dont ils faisaient jouer les ressorts. La mine de ces gens lui ayant paru suspecte, il les interpella et leur dit « qu'ils faisaient les mandrins. » « Peut-être bien », répondirent les deux inconnus. Persuadé que c'étaient des contrebandiers échappés à la déroute

1. A partir de ce moment, de nombreuses arrestations furent faites. On écroua, le 26 décembre 1754, les nommés Bernard Bouroux, d'Uchon, et Jean-Baptiste Gounon, vagabond ; le 27, Jean Parise, manouvrier, de Gueunand ; le 30, le nommé Tavernier, Savoyard ; le 3 janvier 1755, le nommé Michel Boufon, d'Auvergne, « n'ayant point de passeports et soupçonné de contrebande » ; le 22 du même mois, le nommé Blaise Labbé, dit Lagard, accusé de contrebande ; le 4 mai, « trois quidam déguisé en hermites et un jeune homme de leurs compagnies, touts quatres vagabonds » ; le 12 janvier 1756, le nommé Pierre Gauthier, vagabond ; le 25 avril, « un certain quidam se disant le chevalier de St Simon, baron de Ste Luce....., attendu que ledit quidam a dit s'être évadé du château de Saumur où il étoit détenus par ordre du roy » ; le 29 juillet, « un quidam vagabond..... sur le chemin d'Autun à Nolay », etc., etc.....

(Archives du greffe du tribunal civil d'Autun. Registre de la geôle, de 1752 à 1757.)

2. Arch. municip., liasse 69.

de Gueunand, Belay résolut de les suivre et vit l'un d'eux tirer un coup de pistolet vis à vis la maison de la demoiselle Gauthier. Arrivé au-dessus de la rue aux Cordeliers, il rencontra les sieurs Maire et Duchemin et leur fit part de ses soupçons. Non loin de là, dans la rue aux Maréchaux, était situé un cabaret tenu par le nommé Bouillière, boulanger. Les deux hommes ne tardèrent pas à y entrer. Belay courut aussitôt avertir le poste des prisons royales, pendant que ses deux compagnons se tenaient en observation à quelques pas du cabaret. Ceux-ci en virent bientôt sortir l'un des inconnus armé d'un instrument de fer impossible à distinguer, mais qui, d'après leurs dépositions, « frolloit le pavé et faisoit beaucoup de bruit. » Belay, aussitôt prévenu, revint accompagné d'un dragon de Bauffremont et d'un grenadier de Fischer. Ces deux soldats entrèrent chez le sieur Bouillère et y trouvèrent en effet un homme armé d'un pistolet et d'une grosse verge de fer. Interrogé sur ce qu'il était et ce qu'il faisait, celui-ci leur répondit par des grossièretés et des injures. Une lutte alors s'engagea, et comme l'inconnu résistait sans vouloir se nommer, le dragon, croyant avoir affaire à un contrebandier de la troupe de Mandrin, fit feu sur lui de son pistolet et l'étendit mort à ses pieds.

Accourus au bruit, les sieurs Maire et Duchemin pénétrèrent dans la maison et y trouvèrent étendu sur le pavé et sans vie un homme qu'on leur dit être le nommé Roland, soldat au régiment de Bourbonnais. Quelques instants après arriva le maire, M. Roux, accompagné de MM. Valletat, procureur du roi, syndic, et Missolier, substitut. On fit prévenir MM. Guyton [1], médecin du roi, et Boucquin [2], chirurgien juré, qui procédèrent aussitôt à l'examen du cadavre. Il fut reconnu par eux que la balle ayant traversé le cœur, la mort avait dû être instantanée. Procès-verbal fut immédiatement dressé de cette affaire et signé par tous les témoins, excepté le grenadier de Fischer

1. Antoine Guyton-Duvernay, médecin du roi, de 1738 à 1760.
2. Fils d'Abraham Boucquin, aussi chirurgien d'Autun.

qui ne parlait ni n'entendait le français [1]. Nous ne savons ce qu'il en advint.

Jusqu'ici, chose inconcevable en vérité, nous n'avions trouvé dans les archives ecclésiastiques nulle trace du passage de Mandrin, nul reflet des terreurs inspirées par les incursions des contrebandiers. La première et la dernière fois où il en soit question, c'est dans le procès-verbal de l'assemblée du Chapitre cathédral, qui eut lieu le 28 décembre. Afin de concourir avec les magistrats municipaux à la sûreté de la ville, ordre y fut donné aux chanoines dont les maisons avaient des sorties sur les fossés du château de les fermer et de les condamner avec grand soin [2]. On peut s'étonner à bon droit de ce que ces précautions n'aient pas été prises plus tôt. Cependant elles n'étaient point devenues inutiles, car à l'assemblée de la Chambre de l'hôtel de ville du 20 janvier 1755, le syndic remontra que M. de Bèze, commandant le détachement des grenadiers des milices de la province, avait reçu le même jour une lettre de Mgr le comte de Tavanes au sujet des contrebandiers qui se mettaient en mouvement pour faire une nouvelle irruption. « On ne saurait, disait-il, apporter trop d'attention afin d'être informé de leur marche et les empêcher de pénétrer par le poste qui vous est confié, au cas où ils viendraient à paraître. » Il recommandait à M. de Bèze d'exiger des magistrats municipaux de placer son détachement dans les casernes afin qu'à un moment donné on pût en un instant le diriger partout où besoin serait, que comme ce changement occasionnerait à la ville des dépenses considérables tant pour les réparations aux bâtiments que pour les fournitures de bois et de chandelle, il serait à propos d'en informer Monseigneur

1. *Procez-verbal au sujet de la mort du nommé Roland, soldat au régiment de Bourbonnois, tué d'un coup de fusil en la rue aux Maréchaux*, 23 décembre 1754. (Arch. municip., liasse 69.)

2. Biblioth. de la Société Éduenne, Reg. capitulaire de 1752 à 1755, p. 420.

l'intendant, en ce moment à Paris, afin d'obtenir l'autorisation nécessaire. [1]

Ces ordres furent aussitôt exécutés, et les troupes de M. de Bèze mises aux casernes.

Le 14 mars suivant, M. le marquis de Ganay, absent depuis près de cinq mois d'Autun, arriva de Paris. La Chambre alla en corps et en robe lui rendre visite le lendemain, comme il était d'usage. [2]

L'époque de la foire des Rameaux, l'une des plus importantes de l'année, approchait [3]. La Chambre crut qu'à cette occasion il serait prudent de prendre des mesures de sûreté. On craignait l'arrivée et l'entrée en ville de « personnes inconnues et » suspectes de contrebande »; le procureur-syndic proposa de faire poster le jour de la foire un sergent de ville [4] à chacune des portes qui se trouvaient ouvertes pendant la journée, et d'organiser des patrouilles au dedans comme au dehors pour la sûreté des habitants. Un sergent de ville fut donc adjoint aux grenadiers et aux bourgeois de garde aux portes afin d'interdire l'entrée à quiconque paraîtrait suspect. [5]

Rien ne se passa d'extraordinaire jusqu'au 7 avril où M. de Ganay crut devoir redoubler de précautions et publier la consigne suivante :

« On fermerat touts les jours les portes de la ditte ville à huit heures du soir jusqu'à nouvel ordre.

» On les ouvrirat à 5 heures du matin avec les précautions ordinaires.

» Quand les portes auront esté fermées une fois, Mrs les officiers de garde ne les rouvriront plus pour laisser sortir personne que

1. Reg. des délibér., vol. 66, fol. 42 v°.

2. Délibération du 15 mars 1755, registre vol. 66, fol. 47.

3. Elle avait lieu cette année le 22 mars.

4. Dans l'assemblée du 23 décembre 1754, on avait remplacé les sergents de ville vieux et infirmes, et aux huit qui étaient en charge, on en avait ajouté un neuvième. (Reg. des délibérations, vol. 66, fol. 41 v°.)

5. Reg. des délibérat., vol. 66, fol. 47 v°; assemblée du 18 mars.

sur un billet de Mr le gouverneur ou de Mr le maire. De mesme messieurs les officiers de garde ne laisseront entrer dans la ville, après la fermeture des portes, que les personnes de distinction qui se nommeront à la porte et que l'on reconoisterat. Dans les deux cas, l'officier de garde se présenterat à la porte avec deux grenadiers royaux et deux bourgois bien armés. On yrat reconnoistre par le guichet ceux qui ce seront annoncés, et Mr le gouverneur deffend surtout qu'on laisse entrer, pendant la nuit, des voituriers qui qu'ils soient, et en général d'estre fort difficiles sur la grace d'ouvrir les portes la nuit sous prétexte de la commodité du publique, car s'il y a des abus, il se ferat porter les clefs chés luy touts les soirs. De plus, Mr le gouverneur avertit Mrs les officiers de garde que passé 9 heures du soir, il ne veut plus deshormais qu'on luy amène chés luy les personnes dont les patrouilles se saisiront les trouvants en faute et faisant carillions dans les rues ou dans des maisons. Si les délinquants sont gentilshommes ou officiers, l'officier de garde se contenterat de prendre leurs noms et m'en renderat compte le lendemain à 7 heures du matin, à moins que le délict de ces gentilshommes ou officiers ne fut très considérable, auquel cas on s'en assureroit pour la nuit; mais pour tout ce qui est bourgois et habitant tailliable d'Autun, Mr le gouverneur ordonne qu'au cas qu'ils soient surpris par les patrouilles à troubler le repos publique, qu'on les conduise sur le champ ou en prison ou au corps de garde, et qu'on vienne luy en rendre compte le landemain à 7 heures du matin.

» Fait à Autun le 7 avril 1755.

» GANAY, gouverneur d'Autun. »[1]

Les mesures de sûreté prises par M. de Ganay n'eussent pu préserver la ville contre une nouvelle attaque; les murs, nous l'avons dit, étaient en fort mauvais état, et les ais des portes vieux et disjoints. Le 2 mai, l'intendant de la province enjoignit au maire d'Autun de les réparer. On fit un devis général estimatif, et des battants neufs furent aussitôt commandés au sieur Nicolas Léon, maître-charpentier, pour les portes de Marchaux et du Carrouge [2]. Quant aux murs, le maire et les

1. Archives municipales, liasse 69.
2. Reg. des délibér., vol. 66, fol. 50 v°; assemblée du 5 mai 1755.

échevins obtinrent du roi la permission de les réduire à la hauteur de vingt pieds, à la condition que ce qui était démoli ou disjoint serait remmaillé ou réparé [1]. Le brevet est daté du 20 mai. [2]

1. Reg. des délibér., vol. 66, fol. 51 v°; assemblée du 25 mai.

2. Reg. des délibér., vol. 66, fol. 52 v°; assemblée du 10 juin. La réparation des murs de la ville étant une question qui se présente encore de temps à autre, nous insérons ici ce brevet en entier.

Brevet de Sa Majesté Louis XV au sujet de la réduction des murs de la ville à vingt pieds de haut.

Aujourd'huy vingtième may mil sept cent cinquante cinq, le roy étant à Versailles ; les maire, échevins et sindic de la ville d'Autun, ont représenté à Sa Majesté que les murs de cette ville sont extrémement élevés, qu'ils sont dégradés dans le dessus, qu'il y en a une partie à la charge de la ville et le surplus à celle de différents particuliers et communautés qui ont leurs jardins et enclos appuyés sur les dits murs, et qu'il seroit avantageux, tant pour procurer de l'air à la ville que pour sa décoration, que Sa Majesté voullut bien permettre d'abbattre une partie de la hauteur desdits murs et de la réduire à vingt pieds d'hauteur, ainsy qu'Elle a déjà eu la bonté de l'accorder aux religieuses Ursulines de cette ville, et de donner les démolitions à condition de remailler et réparer les endroits deffectueux chacun en droit soy, à quoy ayant égard, vu l'avis du S^r comte de Tavanes, commendant en chef en Bourgogne, Sa Majesté a permis et permet ausdits maire et échevins et sindic, et aux différents particuliers et communautés qui ont des jardins et enclos appuyés sur les dits murs de les abbaisser et réduire à la hauteur de vingt pieds, leurs fait Sa Majesté don des matériaux sortants des dits abbaissements, à condition cependant par eux de remailler et réparer les endroits deffectueux des dits murs chacun en droit soy, et pour assurance de sa volonté, Sa Majesté m'a chargé d'expédier le présent brevet, lequel sera déposé au greffe et enregistré ez régistres de l'hôtel de ville d'Autun, et à l'exécution duquel ledit Sgr comte de Tavanes tiendra la main, l'ayant Sa Majesté signé et fait contresigner par moy, conseiller secrétaire d'État et de ses commendements et finances. Signé : LOUIS, et plus bas : PHELIPPEAUX.

Lettre de M. le comte de Tavanes au sujet des murs de la ville.

Messieurs les maire et échevins ; sur la demande que j'ay faite à M^r le comte de St Florentin de vous permettre d'abaisser les murs de la ville d'Autun à la hauteur de vingt pieds, ce ministre en a rendu compte au roy et Sa Majesté a bien voullu vous en accorder la permission par le brevet que vous trouverés ci-joint. Je vous prie de m'en accuser réception. Je suis, messieurs les maire et échevins, votre affectionné serviteur.

Signé : SAUX-TAVANES. A Dijon, ce 5 juin 1755.

M. les Maire et Échevins, à Autun.

(Arch. municip. d'Autun, Reg. des délibérations, t. 66, p. 52 v°.)

Six mois se sont passés depuis que Mandrin a vu, aux portes d'Autun, sa troupe dispersée par les braves hussards de Fischer. Le lecteur sera peut-être curieux de savoir comment il se tira de ce mauvais pas et quelle fut la fin de ses brigandages. Le lieu du combat offrait, on se le rappelle, de très grandes facilités pour la retraite; il sut en profiter, et, rassemblant trente et un ou trente-deux de ses hommes [1], il gagna le Bourbonnais, puis le Velay, où ses pillages furent accompagnés de meurtres encore plus nombreux qu'auparavant. Ainsi, le 22 décembre 1754, au Breuil [2], cinq employés de la brigade de Vichy furent assassinés, quoique, dit le texte du jugement, quelques-uns demandassent la vie à genoux. Le 23, un bourgeois de Saint-Clément eut le même sort. Le 24, ce fut le tour de la femme du brigadier des Fermes de Noire-Table [3]; le 26, un engagement ayant eu lieu avec la cavalerie des volontaires de Flandre et de Dauphiné à la Sauvetat en Velay [4], un maréchal-des-logis fut tué; enfin, le 10 mai 1755, Mandrin, trahi et vendu par un des siens, fut surpris au château de Rochefort en Savoie, amené à Valence et écroué dans les prisons de cette ville.

Son arrêt de mort fut rendu le 24 mai 1755 par Gaspard Levet, seigneur de Malaval, conseiller secrétaire du roi. Il subit le 26 du même mois le supplice de la roue sur la place des Clers à Valence. On dut préalablement, et aux termes du jugement, l'appliquer à la question ordinaire et extraordinaire, « pour avoir par sa bouche la vérité d'aucuns faits résultans » du procès et la révélation de ses complices. » Ses biens furent confisqués et son jugement affiché dans toutes les villes et lieux où il avait passé. J'ai sous les yeux l'un des exemplaires envoyés à Autun, dans lequel j'ai puisé de nombreux et

1. *Jugement souverain*, etc., du 24 may 1755, déjà cité.

2. Je pense que le texte du jugement est fautif et que l'on doit lire à Ébreuil, arrondissement de Gannat (Allier).

3. Arrondissement de Montbrison (Loire).

4. Puy-de-Dôme.

utiles renseignements. Je possède aussi une lettre originale écrite de Valence, le lendemain de l'exécution de Mandrin, à une personne d'Autun dont j'ignore le nom, l'adresse ayant disparu, et qui, pour n'être pas signée, n'en est pas moins un document authentique et digne de toute confiance. Je la transcrirai ici en entier, lui conservant sa forme et son orthographe :

« De Valence, ce 27 may 1755.

» En réponce de l'honneur de votre lettre, je vous diray que Mandrin a été rompus vif hier à six heure du soir. Il a receu neuf coup de bart, et, six minute après, il a été étranglé par ordre de Mr Levet. Il sortit de la prison avec une constance et une fermeté sans pareille. Il avès une torche à la main, les point et les bras liés, la corde au cols et un écriteau dernier le dos out étoit ses mot : *Chef de contrebandier, assasin, criminel de lèze majesté, faux moynoieur, perturbateur du repos publique* [1]. Il a fait amande honorable à la porte de la Cathédral la teste et les pied nuds et en chemise. Il a demandez trois fois pardons à Dieu, au roy et à la justice. Il avest les yeux errant de tout costé, marchoit fort vitte et d'un pas assuré. Quand il fut au pied de l'eschaffaut il s'assis sur la croix de St André et dit tout haut : Jeunesse, prenez exemple sur moy. Ses yeux commencèrent à paroistre un peut égarré. Il adjoute : Je demande pardon aux employer. Il avoits pour confesseur un jésuite italien qui l'a exhorté et accompagné sur l'eschaffaut. De tems en temps il dissoient : Mon père ne m'abandonné pas. Estants assis sur la croix de St André, il demanda au jésuite de la liqueur. Le père tira un flacon qui luy présenta est ils en prit. Le Bourreau luy attacha les pieds et les mains, et ne fit aucune résistance. Ils étendits ses jambes et ses bras sur la croix. Le boureau vouloist luy retrouser les manches de sa chemise ; Mandrin luy dit : lessez moy faire mon amy. Il defits luy mesme ses bouton et retroussa ses manchettes, et pria le bourreau de ne le point faire souffrire. Celuy cy luy répondit : Cela ne dépend pas de moy. Dans cette éstats, le père qui l'acompagnait

1. L'écriteau devait porter, aux termes du jugement, ces mots écrits en gros caractères : *Chef de contrebandiers, criminels de lèze-majesté, assassins, voleurs et perturbateurs du repos public.*

luy fit une petite exortation et dit ses mots : Voilà un homme qui vas mourir en bon chrétien. Trois pénitens montèrent sur l'eschaffaud et l'exortèrent jusqu'à la mort. Il a eté exposéz aux fourche patibulaire. Voilà comme il s'est comporté à la mort. Le jésuites a été fort content. Mandrin fut pris au chateau de Rochefort en Scavoye, au delà Pierre, dit le major, frère d'un chef qui doit estre rompus vif ce soir; l'échaffaut est déjà dressé pour cet effet. Il y avoit à l'expédition de sa prise 400 homme tant de la Morillière qu'employer; quelque gens de la Morillier étoits déguissés en marignié et en contrebandier. Il fut pris dans un tas de fagots dans un gallatas au dessus de la chambres où ils étoit couché, ils laissa ses deux pistolets à deux coups sur sa table avec son sabre et son fusils dans la chambre et ils dit : C'est surment un de mes camarades qui m'a vendu. On le conduisit sur un chariot jusqu'à St Genis où là trouva quelque contrebandier et on en tua quatre ou six qui vouloit se révolter. On enmena Mandrin fumant sa pipe fort tranquilment. Estant dans la prison, ne voulut voir jamais aucun religieux ny eclésiastique que le jésuites qui le confessa.

» Le jour de son exécution, ils acceptas par ce qu'il étoits ytalien. Ils vouloient qu'on luy fit venir le vicaire de St Genis; on luy répondit qu'il n'étoit plus temps.

» Un récollet voulut luy faire la premier visite. Il ny eu sottise qu'il ne luy dit : Si j'éttoits libre, luy dit-il, et que j'eusse mon sabre, je te hacherois en morceau, et s'il méttoient possible de te tenir, je te ferois passer au traver de ses barault, sort d'icy gueux!

» Un Dominiquin luy ayant fait un autre visite, y lui jetta un vers de vin au visage. Il dit à monsieur Levet en plaisantant : Vous devriez bien me permettre huit jour de sortie pour rendre mes visite et me faire payer de ce qui m'est deu à Guenan, près d'Autun où j'ay laissé plus de quatre vingt mille livres. Voilà comme ils s'est tout passé. S'il y a autre chose de nouveau, je vous le mandré aussitôt. »

Les incursions des contrebandiers ne finirent pas avec Mandrin. Nous en trouvons des traces dans nos archives jusqu'au mois de septembre 1762. Les mesures de sûreté publique furent maintenues et renouvelées de temps en temps. On voudra bien me pardonner de les rapporter fidèlement ici, quoiqu'au fond elles ne diffèrent guère les unes des autres;

mais je les trouve d'un trop grand intérêt pour être omises, et rien, selon moi, ne peut mieux que cette simple exposition nous faire apprécier l'incroyable anxiété dans laquelle la ville fut plongée pendant huit années entières.

Le 31 mai 1755, M. de Saulx-Tavanes écrivit aux maire et échevins d'Autun pour les avertir qu'étant obligé de retirer pour quelque temps d'Autun la compagnie des grenadiers du bataillon de Chalon des milices de la province, il envoyait pour la remplacer la compagnie des grenadiers postiches du bataillon d'Autun. Ce bataillon dut arriver le 2 juin. Ce jour-là même il y eut séance de la Chambre de l'hôtel de ville. Le procureur-syndic ayant remontré qu'il était d'usage d'assembler les habitants pour la procession générale de la Fête-Dieu qui devait avoir lieu le jeudi suivant, dernier jour de l'Octave, dit qu'il lui semblait à propos, dans les circonstances présentes, de demander l'agrément de M. le gouverneur pour faire prendre les armes aux habitants, battre la caisse et tirer le canon. En conséquence, Michel-François Clergier, échevin sortant, fut député auprès de M. de Ganay [1], qui, ne voyant aucun inconvénient à ce que les choses se passassent comme à l'ordinaire, accorda la permission demandée. [2]

La milice bourgeoise continuait toujours à monter régulièrement la garde. Chaque jour une liste était dressée d'un officier et de treize factionnaires désignés pour se trouver le lendemain à dix heures et demie du matin au-devant de l'hôtel de ville afin d'y recevoir la consigne, et de là se rendre à leurs postes. La défense de la ville étant confiée en même temps aux bourgeois et aux soldats du roi, il était impossible qu'il n'y eût pas quelquefois entre eux des rivalités et des collisions plus ou moins graves. Le 26 juillet, vers les neuf heures du soir, le sieur Masson, chirurgien, commandant l'un des postes de la milice bourgeoise, se plaignit au commandant des gre-

1. Reg. des délibér., vol. 66, fol. 51 v° et 52.

2. Reg. des délibér., vol. 66, fol. 52; assemblée du 3 juin 1755.

nadiers de ce que, sur treize hommes portés sur sa liste, on ne lui en avait donné que huit. M. de Bèze lui remontra que, pour soulager les habitants, M. de Tavanes avait ainsi réduit la garde bourgeoise, et qu'ayant quatre hommes au corps de garde et quatre aux portes, il devait s'en contenter. Le sieur Masson persista dans sa réclamation et se montra fort insolent envers M. de Bèze et M. Degrain de Saint-Marçaux, lieutenant de grenadiers. Cette scène, dans laquelle M. de Bèze, eu égard sans doute à l'état peu présentable dans lequel se trouvait Masson, montra une grande modération; cette scène, dis-je, se passant sur la Terrasse eut par là même beaucoup de témoins. Entre dix et onze heures du soir, un grand bruit se fit à la porte du cabaretier Meuriot, trois grenadiers qui y logeaient, ne pouvant se faire ouvrir, menaçaient d'employer la force. Le sieur Masson qui était rentré au poste, croyant que ces gens voulaient, au mépris des ordonnances de police, se faire servir à boire à cette heure, sortit du corps de garde et les engagea à se retirer sans bruit. Ceux-ci l'ayant injurié, il saisit au collet l'un d'eux nommé Sans-Quartier et voulut s'en rendre maître, mais il avait affaire à forte partie. Le grenadier lui brisa son épée et l'eût certainement mis à mal sans l'heureuse intervention de quelques bourgeois, attirés par le bruit, qui s'emparèrent de Sans-Quartier et le conduisirent au poste. Pendant ce temps, un des soldats étant allé avertir les grenadiers, avait été roué de coups. Ces derniers, désirant probablement venger les insolences du sieur Masson envers leur commandant, ne tardèrent pas à arriver et, s'étant saisis du malheureux chirurgien, lui arrachèrent les débris de son épée en l'accablant d'injures. Il y eut, comme on le pense, plaintes de part et d'autre, procès-verbaux [1] et enquêtes [2]; M. de Tavanes informé

1. Arch. municip., liasse 69. Procès-verbal du sieur Masson, officier de milice bourgeoise, du 26 juillet 1755.

2. L'enquête du maire fut faite le 2 août. Elle contient la déposition de vingt-un témoins. (Arch. municip., liasse 69.)

de cette affaire, en écrivit au maire d'Autun, le 31 juillet, afin qu'on s'occupât de l'instruire immédiatement et de rendre justice à qui de droit[1]. J'ignore comment elle se termina.

En cette année 1755, la bataille et la montre de la Saint-Ladre eurent lieu comme de coutume. Le 9 octobre, M. de Tavanes écrivit de Dijon au maire d'Autun que, ne pouvant lui envoyer des troupes, il l'engageait à continuer de prendre des mesures de prudence, tout en évitant de fatiguer les habitants. Il enjoignait de nouveau d'arrêter tous les gens suspects. « Il » n'y a pas lieu, ajoutait-il, de présumer que les contreban- » diers s'hazardent à vouloir pénétrer dans cette province, » attendu que je place des troupes de façon à leur en imposer; » d'ailleurs Autun est couvert par les dragons que je place » dans les villes de Beaune, Seurre, Saint-Jean-de-Losne[2], » Clugny, Charolles et Dijon, et par la garnison de Chalon. » Vous devés faire en sorte d'être averti s'il paroissoit qu'el- » qu'uns de ces brigands, et en ce cas de donner avis aux quar- » tiers que je vous marque, et, le cas arrivant, les troupes » seroient bientost à Autun pour arrêter leurs entreprises, » mais, quoiqu'il paroisse certain que cela n'arrivera pas et » que vous ne serés pas dans le cas d'y avoir recours, vous » êtes trop prudent et trop vigilent pour négliger d'être averti » de tout ce qui se passera de vos côtés. »[3]

Cette lettre fut lue à la Chambre du conseil de l'hôtel de ville, le 12 octobre, et les ordres de M. de Tavanes reçurent aussitôt leur exécution.[4]

Cependant les contrebandiers s'étaient séparés et marchaient par petites bandes de cinq à six. Une de ces bandes avait fait, le 28 octobre, une incursion dans l'Abergement de Varey, en

1. Lettre de M. de Tavanes datée de Dijon 31 juillet 1755. (Arch. municip., liasse 69.)

2. Arrondissement de Beaune (Côte-d'Or).

3. Archives municip., liasse 69.

4. Reg. des délibér., vol. 66, fol. 63.

Valromey [1], avait volé 166 louis au receveur et l'avait contraint de faire un billet de 10,000 livres. Elle avait mis aussi à contribution le receveur de Courcelles, en Bugey. A cette nouvelle, M. de Tavanes écrivit le 1er novembre au maire d'Autun pour lui réitérer ses recommandations au sujet de l'arrivée des étrangers [2]. L'exécution formelle des mesures concernant les aubergistes et cabaretiers fut réclamée, et les sergents de ville Bazot et Legros reçurent l'ordre de faire chaque jour, à huit heures du soir, une tournée aux portes de la ville afin de veiller à leur ouverture comme à leur fermeture. De plus, il fut enjoint aux chasse-pauvres [3] de faire sortir des murs tous les mendiants et les gens sans aveu et de prévenir le maire s'il s'en trouvait de suspects. [4]

Six mois se passèrent pendant lesquels on n'apprit rien des contrebandiers. Il n'en était plus question dans les assemblées municipales; la ville semblait avoir retrouvé sa tranquillité depuis si longtemps perdue. Elle avait célébré par de nombreuses réjouissances l'heureuse délivrance de Mme la princesse de Condé [5]. La nouvelle en avait été annoncée au son des timbales et des trompettes; la ville avait été illuminée; on avait lancé des feux d'artifice, tiré le canon, organisé des danses à l'hôtel-de-ville, et fait couler partout des ruisseaux de vin [6], lorsque, pour ainsi dire, au lendemain de ces fêtes, le premier jour de mai 1756, une vive alerte fut donnée. Une

1. Canton de Saint-Jean-le-Vieux (Ain).

2. Lettre de M. de Tavanes. Arch. municip., liasse 69.

3. En 1738, la ville, d'accord avec les administrateurs de l'hôpital, pourvut au rétablissement et à l'entretien de trois gardes qui avaient été supprimés. Ces gardes-hôpital étaient apparemment des *chasse-pauvres* que la ville avait fait habiller de bleu comme la maréchaussée. (Arch. municip., Reg. des délib., vol. 61, fol. 78 v°. — Cf. aussi Inventaire des titres et papiers de l'hôtel de ville, in-f°, p. 381.)

4. Reg. des délibér., vol. 66, fol. 64.

5. Louis-Henri-Joseph duc de Bourbon, prince de Condé, fils de Louis-Joseph de Bourbon, prince de Condé, et de la princesse de Rohan-Soubise, naquit en 1656 et mourut le 27 août 1830.

6. Reg. des délibér., vol. 66, fol. 77 et suiv.

troupe de contrebandiers avait été vue sur les bords de la Saône, et M. de Tavanes en prévenait la municipalité d'Autun [1]. Trois jours après, il envoyait un exprès annonçant que l'officier commandant à Beaune venait de recevoir avis qu'un homme allant à Saint-Romain avait rencontré dans les bois de la Ferté, vers neuf heures du matin, une troupe de vingt contrebandiers. Trois d'entre eux précédaient le gros de la bande de quatre cents pas environ. Il y en avait deux habillés de bleu et un de blanc. Huit étaient à cheval, les autres escortaient huit chevaux ou mules bien chargés et portant deux petits affûts. Tous ces gens étaient armés de fusils et de pistolets et ne suivaient aucune route battue. Il semblait qu'ils se dirigeassent du côté de Savigny, près Beaune. M. de Tavanes, après avoir rapporté tous ces détails, engageait le maire d'Autun à se concerter avec le sieur Barault, lieutenant de la maréchaussée, soit pour empêcher les contrebandiers de pénétrer dans Autun, soit pour l'informer de la route qu'ils tiendraient [2]. Cette lettre fut lue à l'assemblée du 4 mai, et, comme six mois auparavant, au bruit de l'approche de Mandrin, on fit enjoindre aux habitants de se rendre en armes sur la place dès qu'ils entendraient battre la générale. On décida en même temps qu'une garde bourgeoise serait montée aux portes de la ville. [3]

Ce fut vers cette époque que M. de Tavanes, étant parti pour la cour, commit pour le remplacer le baron d'Espagnac qui commandait sous lui à Bourg-en-Bresse, et, à Dijon, M. de Chazeron, lieutenant-colonel du régiment des dragons de Thiange. Les nouvelles adressées à Dijon d'abord devaient ensuite lui être envoyées à Paris. [4]

Le 28 du même mois, de nouvelles mesures furent ordon-

1. Reg. des délibér., vol. 66, fol. 78. — Archives municip., liasse 69.
2. Reg. des délibér., vol. 66, fol. 78 v°.
3. Arch. municip., liasse 69.
4. Arch. municip., liasse 69. Lettre de M. de Tavanes du 4 may 1756.

nées. Huit fusiliers commandés par un sergent devaient monter la garde sur la place et veiller à ce qu'aucune bande armée ne traversât la ville. De plus, il était enjoint à un certain nombre d'habitants de se préparer à leur prêter main-forte quand l'occasion s'en présenterait, sans pour cela être obligés d'interrompre leurs travaux [1]. Dans la séance du 26 juillet, M. de Montagu donna sa démission de major de la milice bourgeoise. Ce fut le sieur Girardet que l'on élut à sa place.

La cérémonie de la Saint-Ladre fut célébrée comme à l'ordinaire, et, jusqu'au mois de juin 1757, on ne s'inquiéta plus des contrebandiers. La milice bourgeoise assista comme de coutume à la procession de la Fête-Dieu, et quelques jours après, le 19 juin, la compagnie de M. Dumontot qui était en garnison à Autun quitta la ville et ne fut pas remplacée. Mais, comme on pouvait encore redouter de temps à autre quelque alerte, M. de Tavanes écrivit au maire d'avoir toujours sous la main une vingtaine d'hommes armés, commandés, et prêts à se porter au besoin avec un officier sur la grande place, afin de maintenir la tranquillité : « Vous devés, indé-» pendamment de cette précaution, ajoutait-il, avoir tous les » jours, à commencer du 20 juillet prochain, une garde de six » hommes pour veiller à la seureté de la ville [2]. » A partir de ce moment, les registres de la Chambre ne mentionnent plus que très rarement des dépêches relatives aux contrebandiers. Si quelques mesures de sûreté sont encore ordonnées, du moins elles sont peu mises à exécution. Les contrebandiers sont loin, et une année presque entière s'écoule avant qu'on en entende parler de nouveau.

Nous sommes arrivés au mois de mars 1758, Autun n'a plus de garnison, mais il n'est pas encore tranquille et croit devoir toujours se tenir sur la défensive. On maintient les mêmes

1. Lettre de Paris du 28 mai 1856. Arch. municip., liasse 69. Reg. des délib., vol. 66, fol. 80.

2. Lettre datée de Dijon 21 juin 1757. Arch. municip., liasse 69.

mesures concernant la milice et les cabaretiers [1]. On n'avait cependant rien à craindre, et, comme je l'ai dit, les contrebandiers étaient loin. On apprit par une lettre du 4 mai que six d'entre eux, montés et armés, étaient entrés le 29 avril à Saint-Rambert [2] et s'étaient fait servir à boire et à manger par force; dix-sept autres aussi armés étaient passés le même jour au village de Tenay [3] et avaient dit que, dans la semaine suivante, il en arriverait une bande de soixante qui recommenceraient les incursions [4]. Le maire d'Autun en fut informé par M. de Tavanes qui lui ordonna d'avoir en tout temps à l'hôtel de ville vingt fusils rassemblés et six ou huit cartouches par homme. Suivant les ordres du roi, on devait aussi sonner le tocsin à l'approche des brigands et leur courir sus. De plus, une garde de huit habitants, commandés par un sergent ou un caporal intelligent, devait veiller sur tous les gens se présentant pour entrer en ville et avoir au moins trois ou quatre cartouches à tirer par homme. [5]

La Chambre se réunit le 6, et il fut décidé que tous ces ordres seraient exécutés, de plus, que les portes fermées à l'entrée de la nuit ne seraient rouvertes qu'au jour, et que tous les habitants devraient se réunir sur la place dès qu'on battrait la générale. [6]

Après avoir passé à Tenay et à Saint-Rambert, les contrebandiers, montés et armés, au nombre de vingt, entrèrent à Montbrison, y vendirent quelques marchandises et se retirèrent sans avoir commis aucun excès. M. de Tavanes prévenu par le marquis de Rochebaron en écrivit immédiatement au maire d'Autun. Il lui recommandait de nouveau la surveillance la plus

1. Lettre de M. de Tavanes du 4 mars 1758. Arch. municip., liasse 69. Reg. des délibér., vol. 67, fol. 40 v°.
2. Arrondissement de Belley (Ain).
3. Arrondissement de Belley (Ain).
4. Arch. municip., liasse 69. Lettre de M. de Tavanes.
5. Lettre du 4 mai datée de Dijon. Arch. municip., liasse 69.
6. Reg. des délibér., vol. 67, fol. 44 v°.

minutieuse, mais en même temps la prudence, afin, disait-il, de ne pas arrêter les gens innocents [1]. On conçoit, en effet, que, dans l'exécution de mesures souvent très sévères, de semblables erreurs avaient pu être commises.

Nous sommes au 22 juillet 1762. Quatre ans se sont passés pendant lesquels aucun danger n'a semblé menacer la ville. M. de Tavanes est mort au commencement de septembre 1761 [2] et il a été remplacé par le marquis d'Anlezy [3]. Le 22 juillet donc, à l'assemblée de la Chambre de l'hôtel de ville, le procureur du roi remontra que le sieur Duchemin, sub-délégué de l'intendance à Autun, avait communiqué au maire une lettre par laquelle M. l'intendant prescrivait de donner secours et protection aux troupes de cavaliers mises sur pied par les fermiers généraux pour combattre et réprimer la contrebande, de leur tenir des logements prêts et réunis dans un même quartier afin que leur rassemblement fût facile en cas d'attaque, enfin de recueillir les malades, s'il s'en trouvait, dans l'hôpital le plus proche. [4]

La dernière ordonnance adressée à la municipalité d'Autun au sujet des contrebandiers est une lettre de M. Meunier, secrétaire de l'intendance. Elle fut lue à l'assemblée de l'hôtel de ville du 22 septembre. Il y était dit que le roi, pour mettre fin à tous ces brigandages, avait jugé à propos d'envoyer dans les pays de Bresse, Bugey et Gex, la compagnie des chasseurs de Pontcet composée de deux cents hommes et commandée par le chevalier d'Espagnac; un détachement de soixante ou soixante-dix hommes devait même se mettre immédiatement en marche et passer par Autun [5] où la ville serait tenue de leur fournir chevaux, voitures et subsistances. La Chambre fit

1. Lettre de M. de Tavanes datée de Dijon le 13 mai 1758. Arch. municip., liasse 69.

2. Reg. des délibér., vol. 68, fol. 67.

3. Reg. des délibér., vol. 68, fol. 74 v°.

4. Reg. des délibér., vol. 68, fol. 90.

5. Lettre de Dijon du 21 septembre 1762. Arch. municip., liasse 69.

réponse à M. l'intendant en lui soumettant de justes observations sur les difficultés qu'on pourrait éprouver à exécuter ses ordres. Les bœufs étant dans ce pays presque exclusivement employés pour le trait comme pour le labourage, on ne pourrait réunir que très peu de chevaux de selle et de voiture dans la ville et les environs. Ces remontrances furent sans doute prises en considération, car, à partir de ce moment, il n'est plus trace des contrebandiers dans nos registres municipaux, et la ville, qui depuis huit ans ne semblait, pour ainsi dire, vivre qu'au jour le jour, rentra dans la plus parfaite tranquillité.

www.ingramcontent.com/pod-product-compliance
Lightning Source LLC
LaVergne TN
LVHW050217180726
843501LV00013BA/2008

9782329657417